communication ⌐

Parent/Caregiver Name: JAGDEEP SINGH _____

Cell Phone: _____

Home Phone: _____

Work Phone: _____

E-mail: _____

Parent/Caregiver Name: _____

Cell Phone: _____

Home Phone: _____

Work Phone: _____

E-mail: _____

extra information:

_____
_____
_____
_____
_____
_____

MONDAY
my day was:

☺ ☺ ☹
GoodO   kay   Try Again

Teacher Comments/Notes: _____
_____
_____
Parent Comments/Notes: _____
_____
_____

TUESDAY
my day was:

☺ ☺ ☹
GoodO   kay   Try Again

Teacher Comments/Notes: _____
_____
_____
Parent Comments/Notes: _____
_____
_____

WEDNESDAY
my day was:

☺ ☺ ☹
GoodO   kay   Try Again

Teacher Comments/Notes: _____
_____
_____
Parent Comments/Notes: _____
_____
_____

THURSDAY
my day was:

☺ ☺ ☹
GoodO   kay   Try Again

Teacher Comments/Notes: _____
_____
_____
Parent Comments/Notes: _____
_____
_____

FRIDAY
my day was:

☺ ☺ ☹
GoodO   kay   Try Again

Teacher Comments/Notes: _____
_____
_____
Parent Comments/Notes: _____
_____
_____

Week Of: _____

Monday
my day was:

☺ Good 😐 Okay ☹ Try Again

Teacher Comments/Notes: _____
_____
Parent Comments/Notes: _____
_____

Tuesday
my day was:

☺ Good 😐 Okay ☹ Try Again

Teacher Comments/Notes: _____
_____
Parent Comments/Notes: _____
_____

Wednesday
my day was:

☺ Good 😐 Okay ☹ Try Again

Teacher Comments/Notes: _____
_____
Parent Comments/Notes: _____
_____

Thursday
my day was:

☺ Good 😐 Okay ☹ Try Again

Teacher Comments/Notes: _____
_____
Parent Comments/Notes: _____
_____

Friday
my day was:

☺ Good 😐 Okay ☹ Try Again

Teacher Comments/Notes: _____
_____
Parent Comments/Notes: _____
_____

WEEK OF: _____

MONDAY
my day was:

☺ ☺ ☹
GoodO   kay   Try Again

Teacher Comments/Notes: _____
_____
_____
Parent Comments/Notes: _____
_____
_____

TUESDAY
my day was:

☺ ☺ ☹
GoodO   kay   Try Again

Teacher Comments/Notes: _____
_____
_____
Parent Comments/Notes: _____
_____
_____

WEDNESDAY
my day was:

☺ ☺ ☹
GoodO   kay   Try Again

Teacher Comments/Notes: _____
_____
_____
Parent Comments/Notes: _____
_____
_____

THURSDAY
my day was:

☺ ☺ ☹
GoodO   kay   Try Again

Teacher Comments/Notes: _____
_____
_____
Parent Comments/Notes: _____
_____
_____

FRIDAY
my day was:

☺ ☺ ☹
GoodO   kay   Try Again

Teacher Comments/Notes: _____
_____
_____
Parent Comments/Notes: _____
_____
_____

Monday
my day was:

😊 😐 ☹️
GoodO · kay · Try Again

Teacher Comments/Notes: _____
_____
Parent Comments/Notes: _____
_____

Tuesday
my day was:

😊 😐 ☹️
GoodO · kay · Try Again

Teacher Comments/Notes: _____
_____
Parent Comments/Notes: _____
_____

Wednesday
my day was:

😊 😐 ☹️
GoodO · kay · Try Again

Teacher Comments/Notes: _____
_____
Parent Comments/Notes: _____
_____

Thursday
my day was:

😊 😐 ☹️
GoodO · kay · Try Again

Teacher Comments/Notes: _____
_____
Parent Comments/Notes: _____
_____

Friday
my day was:

😊 😐 ☹️
GoodO · kay · Try Again

Teacher Comments/Notes: _____
_____
Parent Comments/Notes: _____
_____

Week Of: _____

MONDAY
my day was:

😊　😐　🙁
Good　Okay　Try Again

Teacher Comments/Notes: _____
_____
_____
Parent Comments/Notes: _____
_____
_____

TUESDAY
my day was:

😊　😐　🙁
Good　Okay　Try Again

Teacher Comments/Notes: _____
_____
_____
Parent Comments/Notes: _____
_____
_____

WEDNESDAY
my day was:

😊　😐　🙁
Good　Okay　Try Again

Teacher Comments/Notes: _____
_____
_____
Parent Comments/Notes: _____
_____
_____

THURSDAY
my day was:

😊　😐　🙁
Good　Okay　Try Again

Teacher Comments/Notes: _____
_____
_____
Parent Comments/Notes: _____
_____
_____

FRIDAY
my day was:

😊　😐　🙁
Good　Okay　Try Again

Teacher Comments/Notes: _____
_____
_____
Parent Comments/Notes: _____
_____
_____

Week Of: _____

Monday
my day was:

😊 GoodO 😐 kay 🙁 Try Again

Teacher Comments/Notes: _____
_____
_____
Parent Comments/Notes: _____
_____
_____

Tuesday
my day was:

😊 GoodO 😐 kay 🙁 Try Again

Teacher Comments/Notes: _____
_____
_____
Parent Comments/Notes: _____
_____
_____

Wednesday
my day was:

😊 GoodO 😐 kay 🙁 Try Again

Teacher Comments/Notes: _____
_____
_____
Parent Comments/Notes: _____
_____
_____

Thursday
my day was:

😊 GoodO 😐 kay 🙁 Try Again

Teacher Comments/Notes: _____
_____
_____
Parent Comments/Notes: _____
_____
_____

Friday
my day was:

😊 GoodO 😐 kay 🙁 Try Again

Teacher Comments/Notes: _____
_____
_____
Parent Comments/Notes: _____
_____
_____

Week of: _____

Monday
my day was:

🙂 Good 😐 Okay 🙁 Try Again

Teacher Comments/Notes: _____
_____

Parent Comments/Notes: _____
_____
_____

Tuesday
my day was:

🙂 Good 😐 Okay 🙁 Try Again

Teacher Comments/Notes: _____
_____

Parent Comments/Notes: _____
_____
_____

Wednesday
my day was:

🙂 Good 😐 Okay 🙁 Try Again

Teacher Comments/Notes: _____
_____

Parent Comments/Notes: _____
_____
_____

Thursday
my day was:

🙂 Good 😐 Okay 🙁 Try Again

Teacher Comments/Notes: _____
_____

Parent Comments/Notes: _____
_____
_____

Friday
my day was:

🙂 Good 😐 Okay 🙁 Try Again

Teacher Comments/Notes: _____
_____

Parent Comments/Notes: _____
_____
_____

week of: _____

Monday
my day was:

☺ GoodO   😐 kay   ☹ Try Again

Teacher Comments/Notes: _____
_____

Parent Comments/Notes: _____
_____

Tuesday
my day was:

☺ GoodO   😐 kay   ☹ Try Again

Teacher Comments/Notes: _____
_____

Parent Comments/Notes: _____
_____

Wednesday
my day was:

☺ GoodO   😐 kay   ☹ Try Again

Teacher Comments/Notes: _____
_____

Parent Comments/Notes: _____
_____

Thursday
my day was:

☺ GoodO   😐 kay   ☹ Try Again

Teacher Comments/Notes: _____
_____

Parent Comments/Notes: _____
_____

Friday
my day was:

☺ GoodO   😐 kay   ☹ Try Again

Teacher Comments/Notes: _____
_____

Parent Comments/Notes: _____
_____

Week of: _____

Monday
my day was:

😊   😐   🙁

Good   Okay   Try Again

Teacher Comments/Notes: _____
_____

Parent Comments/Notes: _____
_____
_____

Tuesday
my day was:

😊   😐   🙁

Good   Okay   Try Again

Teacher Comments/Notes: _____
_____

Parent Comments/Notes: _____
_____
_____

Wednesday
my day was:

😊   😐   🙁

Good   Okay   Try Again

Teacher Comments/Notes: _____
_____

Parent Comments/Notes: _____
_____
_____

Thursday
my day was:

😊   😐   🙁

Good   Okay   Try Again

Teacher Comments/Notes: _____
_____

Parent Comments/Notes: _____
_____
_____

Friday
my day was:

😊   😐   🙁

Good   Okay   Try Again

Teacher Comments/Notes: _____
_____

Parent Comments/Notes: _____
_____
_____

Week of: _____

Monday
my day was:

😊 😐 ☹️
Good Okay Try Again

| Teacher Comments/Notes: _____ |
| _____ |
| _____ |
| Parent Comments/Notes: _____ |
| _____ |
| _____ |

Tuesday
my day was:

😊 😐 ☹️
Good Okay Try Again

| Teacher Comments/Notes: _____ |
| _____ |
| _____ |
| Parent Comments/Notes: _____ |
| _____ |
| _____ |

Wednesday
my day was:

😊 😐 ☹️
Good Okay Try Again

| Teacher Comments/Notes: _____ |
| _____ |
| _____ |
| Parent Comments/Notes: _____ |
| _____ |
| _____ |

Thursday
my day was:

😊 😐 ☹️
Good Okay Try Again

| Teacher Comments/Notes: _____ |
| _____ |
| _____ |
| Parent Comments/Notes: _____ |
| _____ |
| _____ |

Friday
my day was:

😊 😐 ☹️
Good Okay Try Again

| Teacher Comments/Notes: _____ |
| _____ |
| _____ |
| Parent Comments/Notes: _____ |
| _____ |
| _____ |

Week of: _____

Monday
my day was:

😊 😐 ☹️
GoodO   kay   Try Again

Teacher Comments/Notes: _____
_____
Parent Comments/Notes: _____
_____
_____

Tuesday
my day was:

😊 😐 ☹️
GoodO   kay   Try Again

Teacher Comments/Notes: _____
_____
Parent Comments/Notes: _____
_____
_____

Wednesday
my day was:

😊 😐 ☹️
GoodO   kay   Try Again

Teacher Comments/Notes: _____
_____
Parent Comments/Notes: _____
_____
_____

Thursday
my day was:

😊 😐 ☹️
GoodO   kay   Try Again

Teacher Comments/Notes: _____
_____
Parent Comments/Notes: _____
_____
_____

Friday
my day was:

😊 😐 ☹️
GoodO   kay   Try Again

Teacher Comments/Notes: _____
_____
Parent Comments/Notes: _____
_____
_____

Week Of: _____

Monday

my day was:

😊 😐 🙁
Good0   kay   Try Again

| Teacher Comments/Notes: _____ |
| _____ |
| Parent Comments/Notes: _____ |
| _____ |
| _____ |

Tuesday

my day was:

😊 😐 🙁
Good0   kay   Try Again

| Teacher Comments/Notes: _____ |
| _____ |
| Parent Comments/Notes: _____ |
| _____ |
| _____ |

Wednesday

my day was:

😊 😐 🙁
Good0   kay   Try Again

| Teacher Comments/Notes: _____ |
| _____ |
| Parent Comments/Notes: _____ |
| _____ |
| _____ |

Thursday

my day was:

😊 😐 🙁
Good0   kay   Try Again

| Teacher Comments/Notes: _____ |
| _____ |
| Parent Comments/Notes: _____ |
| _____ |
| _____ |

Friday

my day was:

😊 😐 🙁
Good0   kay   Try Again

| Teacher Comments/Notes: _____ |
| _____ |
| Parent Comments/Notes: _____ |
| _____ |
| _____ |

WEEK OF: _____

MONDAY
my day was:

☺ ☺ ☹
GoodO   kay   Try Again

Teacher Comments/Notes: _____
_____
_____
Parent Comments/Notes: _____
_____
_____

TUESDAY
my day was:

☺ ☺ ☹
GoodO   kay   Try Again

Teacher Comments/Notes: _____
_____
_____
Parent Comments/Notes: _____
_____
_____

WEDNESDAY
my day was:

☺ ☺ ☹
GoodO   kay   Try Again

Teacher Comments/Notes: _____
_____
_____
Parent Comments/Notes: _____
_____
_____

THURSDAY
my day was:

☺ ☺ ☹
GoodO   kay   Try Again

Teacher Comments/Notes: _____
_____
_____
Parent Comments/Notes: _____
_____
_____

FRIDAY
my day was:

☺ ☺ ☹
GoodO   kay   Try Again

Teacher Comments/Notes: _____
_____
_____
Parent Comments/Notes: _____
_____
_____

Monday
my day was:

:) GoodO   :| kay   :(Try Again

Teacher Comments/Notes: _____
_____
_____
Parent Comments/Notes: _____
_____
_____

Tuesday
my day was:

:) GoodO   :| kay   :(Try Again

Teacher Comments/Notes: _____
_____
_____
Parent Comments/Notes: _____
_____
_____

Wednesday
my day was:

:) GoodO   :| kay   :(Try Again

Teacher Comments/Notes: _____
_____
_____
Parent Comments/Notes: _____
_____
_____

Thursday
my day was:

:) GoodO   :| kay   :(Try Again

Teacher Comments/Notes: _____
_____
_____
Parent Comments/Notes: _____
_____
_____

Friday
my day was:

:) GoodO   :| kay   :(Try Again

Teacher Comments/Notes: _____
_____
_____
Parent Comments/Notes: _____
_____
_____

WEEK OF: _____

MONDAY
my day was:

😊 😐 ☹️
Good Okay Try Again

Teacher Comments/Notes: _____
_____
Parent Comments/Notes: _____
_____

TUESDAY
my day was:

😊 😐 ☹️
Good Okay Try Again

Teacher Comments/Notes: _____
_____
Parent Comments/Notes: _____
_____

WEDNESDAY
my day was:

😊 😐 ☹️
Good Okay Try Again

Teacher Comments/Notes: _____
_____
Parent Comments/Notes: _____
_____

THURSDAY
my day was:

😊 😐 ☹️
Good Okay Try Again

Teacher Comments/Notes: _____
_____
Parent Comments/Notes: _____
_____

FRIDAY
my day was:

😊 😐 ☹️
Good Okay Try Again

Teacher Comments/Notes: _____
_____
Parent Comments/Notes: _____
_____

Week Of: _____

Monday
my day was:

☺ ☺ ☹
GoodO   kay   Try Again

Teacher Comments/Notes: _____
_____
Parent Comments/Notes: _____
_____

Tuesday
my day was:

☺ ☺ ☹
GoodO   kay   Try Again

Teacher Comments/Notes: _____
_____
Parent Comments/Notes: _____
_____

Wednesday
my day was:

☺ ☺ ☹
GoodO   kay   Try Again

Teacher Comments/Notes: _____
_____
Parent Comments/Notes: _____
_____

Thursday
my day was:

☺ ☺ ☹
GoodO   kay   Try Again

Teacher Comments/Notes: _____
_____
Parent Comments/Notes: _____
_____

Friday
my day was:

☺ ☺ ☹
GoodO   kay   Try Again

Teacher Comments/Notes: _____
_____
Parent Comments/Notes: _____
_____

Week Of: _____

MONDAY
my day was:

:) Good :| Okay :(Try Again

Teacher Comments/Notes: _____
_____
Parent Comments/Notes: _____
_____

TUESDAY
my day was:

:) Good :| Okay :(Try Again

Teacher Comments/Notes: _____
_____
Parent Comments/Notes: _____
_____

WEDNESDAY
my day was:

:) Good :| Okay :(Try Again

Teacher Comments/Notes: _____
_____
Parent Comments/Notes: _____
_____

THURSDAY
my day was:

:) Good :| Okay :(Try Again

Teacher Comments/Notes: _____
_____
Parent Comments/Notes: _____
_____

FRIDAY
my day was:

:) Good :| Okay :(Try Again

Teacher Comments/Notes: _____
_____
Parent Comments/Notes: _____
_____

Week of: _____

Monday
my day was:

☺ Good 😐 Okay ☹ Try Again

Teacher Comments/Notes: _____
_____
_____
Parent Comments/Notes: _____
_____
_____

Tuesday
my day was:

☺ Good 😐 Okay ☹ Try Again

Teacher Comments/Notes: _____
_____
_____
Parent Comments/Notes: _____
_____
_____

Wednesday
my day was:

☺ Good 😐 Okay ☹ Try Again

Teacher Comments/Notes: _____
_____
_____
Parent Comments/Notes: _____
_____
_____

Thursday
my day was:

☺ Good 😐 Okay ☹ Try Again

Teacher Comments/Notes: _____
_____
_____
Parent Comments/Notes: _____
_____
_____

Friday
my day was:

☺ Good 😐 Okay ☹ Try Again

Teacher Comments/Notes: _____
_____
_____
Parent Comments/Notes: _____
_____
_____

Monday
my day was:

☺ ☺ ☹
Good Okay Try Again

Teacher Comments/Notes: _____
_____
Parent Comments/Notes: _____
_____
_____

Tuesday
my day was:

☺ ☺ ☹
Good Okay Try Again

Teacher Comments/Notes: _____
_____
Parent Comments/Notes: _____
_____
_____

Wednesday
my day was:

☺ ☺ ☹
Good Okay Try Again

Teacher Comments/Notes: _____
_____
Parent Comments/Notes: _____
_____
_____

Thursday
my day was:

☺ ☺ ☹
Good Okay Try Again

Teacher Comments/Notes: _____
_____
Parent Comments/Notes: _____
_____
_____

Friday
my day was:

☺ ☺ ☹
Good Okay Try Again

Teacher Comments/Notes: _____
_____
Parent Comments/Notes: _____
_____
_____

Week of: _____

Monday
my day was:

☺ ☺ ☹
Good Okay Try Again

Teacher Comments/Notes: _____
_____
_____
Parent Comments/Notes: _____
_____
_____

Tuesday
my day was:

☺ ☺ ☹
Good Okay Try Again

Teacher Comments/Notes: _____
_____
_____
Parent Comments/Notes: _____
_____
_____

Wednesday
my day was:

☺ ☺ ☹
Good Okay Try Again

Teacher Comments/Notes: _____
_____
_____
Parent Comments/Notes: _____
_____
_____

Thursday
my day was:

☺ ☺ ☹
Good Okay Try Again

Teacher Comments/Notes: _____
_____
_____
Parent Comments/Notes: _____
_____
_____

Friday
my day was:

☺ ☺ ☹
Good Okay Try Again

Teacher Comments/Notes: _____
_____
_____
Parent Comments/Notes: _____
_____
_____

Monday

my day was:

☺ ☺ ☹
Good Okay Try Again

Teacher Comments/Notes: _____
_____
_____
Parent Comments/Notes: _____
_____
_____

Tuesday

my day was:

☺ ☺ ☹
Good Okay Try Again

Teacher Comments/Notes: _____
_____
_____
Parent Comments/Notes: _____
_____
_____

Wednesday

my day was:

☺ ☺ ☹
Good Okay Try Again

Teacher Comments/Notes: _____
_____
_____
Parent Comments/Notes: _____
_____
_____

Thursday

my day was:

☺ ☺ ☹
Good Okay Try Again

Teacher Comments/Notes: _____
_____
_____
Parent Comments/Notes: _____
_____
_____

Friday

my day was:

☺ ☺ ☹
Good Okay Try Again

Teacher Comments/Notes: _____
_____
_____
Parent Comments/Notes: _____
_____
_____

Week Of: _____

MONDAY
my day was:

😊 😐 ☹️
Good Okay Try Again

Teacher Comments/Notes: _____
_____
Parent Comments/Notes: _____
_____
_____

TUESDAY
my day was:

😊 😐 ☹️
Good Okay Try Again

Teacher Comments/Notes: _____
_____
Parent Comments/Notes: _____
_____
_____

WEDNESDAY
my day was:

😊 😐 ☹️
Good Okay Try Again

Teacher Comments/Notes: _____
_____
Parent Comments/Notes: _____
_____
_____

THURSDAY
my day was:

😊 😐 ☹️
Good Okay Try Again

Teacher Comments/Notes: _____
_____
Parent Comments/Notes: _____
_____
_____

FRIDAY
my day was:

😊 😐 ☹️
Good Okay Try Again

Teacher Comments/Notes: _____
_____
Parent Comments/Notes: _____
_____
_____

Week of: _____

Monday
my day was:

😊 😐 ☹️
GoodO   kay   Try Again

Teacher Comments/Notes: _____
_____

Parent Comments/Notes: _____
_____
_____

Tuesday
my day was:

😊 😐 ☹️
GoodO   kay   Try Again

Teacher Comments/Notes: _____
_____

Parent Comments/Notes: _____
_____
_____

Wednesday
my day was:

😊 😐 ☹️
GoodO   kay   Try Again

Teacher Comments/Notes: _____
_____

Parent Comments/Notes: _____
_____
_____

Thursday
my day was:

😊 😐 ☹️
GoodO   kay   Try Again

Teacher Comments/Notes: _____
_____

Parent Comments/Notes: _____
_____
_____

Friday
my day was:

😊 😐 ☹️
GoodO   kay   Try Again

Teacher Comments/Notes: _____
_____

Parent Comments/Notes: _____
_____
_____

week of: _____

monday
my day was:

Good0   kay   Try Again

Teacher Comments/Notes: _____
_____
Parent Comments/Notes: _____
_____

tuesday
my day was:

Good0   kay   Try Again

Teacher Comments/Notes: _____
_____
Parent Comments/Notes: _____
_____

wednesday
my day was:

Good0   kay   Try Again

Teacher Comments/Notes: _____
_____
Parent Comments/Notes: _____
_____

thursday
my day was:

Good0   kay   Try Again

Teacher Comments/Notes: _____
_____
Parent Comments/Notes: _____
_____

friday
my day was:

Good0   kay   Try Again

Teacher Comments/Notes: _____
_____
Parent Comments/Notes: _____
_____

Week of: _____

Monday
my day was:

😊 😐 ☹️
GoodO   kay   Try Again

| Teacher Comments/Notes: _____ |
| _____ |
| _____ |
| Parent Comments/Notes: _____ |
| _____ |
| _____ |

Tuesday
my day was:

😊 😐 ☹️
GoodO   kay   Try Again

| Teacher Comments/Notes: _____ |
| _____ |
| _____ |
| Parent Comments/Notes: _____ |
| _____ |
| _____ |

Wednesday
my day was:

😊 😐 ☹️
GoodO   kay   Try Again

| Teacher Comments/Notes: _____ |
| _____ |
| _____ |
| Parent Comments/Notes: _____ |
| _____ |
| _____ |

Thursday
my day was:

😊 😐 ☹️
GoodO   kay   Try Again

| Teacher Comments/Notes: _____ |
| _____ |
| _____ |
| Parent Comments/Notes: _____ |
| _____ |
| _____ |

Friday
my day was:

😊 😐 ☹️
GoodO   kay   Try Again

| Teacher Comments/Notes: _____ |
| _____ |
| _____ |
| Parent Comments/Notes: _____ |
| _____ |
| _____ |

Week of: _____

Monday
my day was:

😊 😐 🙁
Good O kay Try Again

Teacher Comments/Notes: _____
_____
Parent Comments/Notes: _____
_____

Tuesday
my day was:

😊 😐 🙁
Good O kay Try Again

Teacher Comments/Notes: _____
_____
Parent Comments/Notes: _____
_____

Wednesday
my day was:

😊 😐 🙁
Good O kay Try Again

Teacher Comments/Notes: _____
_____
Parent Comments/Notes: _____
_____

Thursday
my day was:

😊 😐 🙁
Good O kay Try Again

Teacher Comments/Notes: _____
_____
Parent Comments/Notes: _____
_____

Friday
my day was:

😊 😐 🙁
Good O kay Try Again

Teacher Comments/Notes: _____
_____
Parent Comments/Notes: _____
_____

Week Of: _____

Monday
my day was:

☺ 😐 ☹
Good Okay Try Again

Teacher Comments/Notes: _____
_____
Parent Comments/Notes: _____
_____

Tuesday
my day was:

☺ 😐 ☹
Good Okay Try Again

Teacher Comments/Notes: _____
_____
Parent Comments/Notes: _____
_____

Wednesday
my day was:

☺ 😐 ☹
Good Okay Try Again

Teacher Comments/Notes: _____
_____
Parent Comments/Notes: _____
_____

Thursday
my day was:

☺ 😐 ☹
Good Okay Try Again

Teacher Comments/Notes: _____
_____
Parent Comments/Notes: _____
_____

Friday
my day was:

☺ 😐 ☹
Good Okay Try Again

Teacher Comments/Notes: _____
_____
Parent Comments/Notes: _____
_____

Week Of: _____

Monday
my day was:

🙂   😐   🙁
Good   Okay   Try Again

Teacher Comments/Notes: _____
_____
_____

Parent Comments/Notes: _____
_____
_____

Tuesday
my day was:

🙂   😐   🙁
Good   Okay   Try Again

Teacher Comments/Notes: _____
_____
_____

Parent Comments/Notes: _____
_____
_____

Wednesday
my day was:

🙂   😐   🙁
Good   Okay   Try Again

Teacher Comments/Notes: _____
_____
_____

Parent Comments/Notes: _____
_____
_____

Thursday
my day was:

🙂   😐   🙁
Good   Okay   Try Again

Teacher Comments/Notes: _____
_____
_____

Parent Comments/Notes: _____
_____
_____

Friday
my day was:

🙂   😐   🙁
Good   Okay   Try Again

Teacher Comments/Notes: _____
_____
_____

Parent Comments/Notes: _____
_____
_____

MONDAY
my day was:

Good O kay Try Again

Teacher Comments/Notes: _____
_____
_____
Parent Comments/Notes: _____
_____
_____

TUESDAY
my day was:

Good O kay Try Again

Teacher Comments/Notes: _____
_____
_____
Parent Comments/Notes: _____
_____
_____

WEDNESDAY
my day was:

Good O kay Try Again

Teacher Comments/Notes: _____
_____
_____
Parent Comments/Notes: _____
_____
_____

THURSDAY
my day was:

Good O kay Try Again

Teacher Comments/Notes: _____
_____
_____
Parent Comments/Notes: _____
_____
_____

FRIDAY
my day was:

Good O kay Try Again

Teacher Comments/Notes: _____
_____
_____
Parent Comments/Notes: _____
_____
_____

Week Of: _____

Monday
my day was:

Good   Okay   Try Again

Teacher Comments/Notes: _____
_____
_____
Parent Comments/Notes: _____
_____
_____

Tuesday
my day was:

Good   Okay   Try Again

Teacher Comments/Notes: _____
_____
_____
Parent Comments/Notes: _____
_____
_____

Wednesday
my day was:

Good   Okay   Try Again

Teacher Comments/Notes: _____
_____
_____
Parent Comments/Notes: _____
_____
_____

Thursday
my day was:

Good   Okay   Try Again

Teacher Comments/Notes: _____
_____
_____
Parent Comments/Notes: _____
_____
_____

Friday
my day was:

Good   Okay   Try Again

Teacher Comments/Notes: _____
_____
_____
Parent Comments/Notes: _____
_____
_____

Week Of: _____

Monday
my day was:

☺ ☺ ☹
GoodO   kay   Try Again

Teacher Comments/Notes: _____
_____
_____
Parent Comments/Notes: _____
_____
_____

Tuesday
my day was:

☺ ☺ ☹
GoodO   kay   Try Again

Teacher Comments/Notes: _____
_____
_____
Parent Comments/Notes: _____
_____
_____

Wednesday
my day was:

☺ ☺ ☹
GoodO   kay   Try Again

Teacher Comments/Notes: _____
_____
_____
Parent Comments/Notes: _____
_____
_____

Thursday
my day was:

☺ ☺ ☹
GoodO   kay   Try Again

Teacher Comments/Notes: _____
_____
_____
Parent Comments/Notes: _____
_____
_____

Friday
my day was:

☺ ☺ ☹
GoodO   kay   Try Again

Teacher Comments/Notes: _____
_____
_____
Parent Comments/Notes: _____
_____
_____

Week Of: _____

Monday
my day was:

😊   😐   ☹️
Good   Okay   Try Again

Teacher Comments/Notes: _____
_____

Parent Comments/Notes: _____
_____

Tuesday
my day was:

😊   😐   ☹️
Good   Okay   Try Again

Teacher Comments/Notes: _____
_____

Parent Comments/Notes: _____
_____

Wednesday
my day was:

😊   😐   ☹️
Good   Okay   Try Again

Teacher Comments/Notes: _____
_____

Parent Comments/Notes: _____
_____

Thursday
my day was:

😊   😐   ☹️
Good   Okay   Try Again

Teacher Comments/Notes: _____
_____

Parent Comments/Notes: _____
_____

Friday
my day was:

😊   😐   ☹️
Good   Okay   Try Again

Teacher Comments/Notes: _____
_____

Parent Comments/Notes: _____
_____

Week of: _____

MONDAY
my day was:

☺ ☺ ☹
GoodO kay Try Again

Teacher Comments/Notes: _____
_____
_____
Parent Comments/Notes: _____
_____
_____

TUESDAY
my day was:

☺ ☺ ☹
GoodO kay Try Again

Teacher Comments/Notes: _____
_____
_____
Parent Comments/Notes: _____
_____
_____

WEDNESDAY
my day was:

☺ ☺ ☹
GoodO kay Try Again

Teacher Comments/Notes: _____
_____
_____
Parent Comments/Notes: _____
_____
_____

THURSDAY
my day was:

☺ ☺ ☹
GoodO kay Try Again

Teacher Comments/Notes: _____
_____
_____
Parent Comments/Notes: _____
_____
_____

FRIDAY
my day was:

☺ ☺ ☹
GoodO kay Try Again

Teacher Comments/Notes: _____
_____
_____
Parent Comments/Notes: _____
_____
_____

Week Of: _____

Monday
my day was:

☺ Good   😐 Okay   ☹ Try Again

Teacher Comments/Notes: _____

_____

Parent Comments/Notes: _____

_____

_____

Tuesday
my day was:

☺ Good   😐 Okay   ☹ Try Again

Teacher Comments/Notes: _____

_____

Parent Comments/Notes: _____

_____

_____

Wednesday
my day was:

☺ Good   😐 Okay   ☹ Try Again

Teacher Comments/Notes: _____

_____

Parent Comments/Notes: _____

_____

_____

Thursday
my day was:

☺ Good   😐 Okay   ☹ Try Again

Teacher Comments/Notes: _____

_____

Parent Comments/Notes: _____

_____

_____

Friday
my day was:

☺ Good   😐 Okay   ☹ Try Again

Teacher Comments/Notes: _____

_____

Parent Comments/Notes: _____

_____

_____

Week Of: _____

Monday
my day was:

☺ Good 😐 Okay ☹ Try Again

Teacher Comments/Notes: _____
_____
Parent Comments/Notes: _____
_____

Tuesday
my day was:

☺ Good 😐 Okay ☹ Try Again

Teacher Comments/Notes: _____
_____
Parent Comments/Notes: _____
_____

Wednesday
my day was:

☺ Good 😐 Okay ☹ Try Again

Teacher Comments/Notes: _____
_____
Parent Comments/Notes: _____
_____

Thursday
my day was:

☺ Good 😐 Okay ☹ Try Again

Teacher Comments/Notes: _____
_____
Parent Comments/Notes: _____
_____

Friday
my day was:

☺ Good 😐 Okay ☹ Try Again

Teacher Comments/Notes: _____
_____
Parent Comments/Notes: _____
_____

Week Of: _____

Monday

my day was:

😊 😐 ☹️
GoodO   kay   Try Again

Teacher Comments/Notes: _____
_____
_____

Parent Comments/Notes: _____
_____
_____

Tuesday

my day was:

😊 😐 ☹️
GoodO   kay   Try Again

Teacher Comments/Notes: _____
_____
_____

Parent Comments/Notes: _____
_____
_____

Wednesday

my day was:

😊 😐 ☹️
GoodO   kay   Try Again

Teacher Comments/Notes: _____
_____
_____

Parent Comments/Notes: _____
_____
_____

Thursday

my day was:

😊 😐 ☹️
GoodO   kay   Try Again

Teacher Comments/Notes: _____
_____
_____

Parent Comments/Notes: _____
_____
_____

Friday

my day was:

😊 😐 ☹️
GoodO   kay   Try Again

Teacher Comments/Notes: _____
_____
_____

Parent Comments/Notes: _____
_____
_____

Week Of: _____

Monday
my day was:

😊 😐 ☹️
GoodO   kay   Try Again

Teacher Comments/Notes: _____
_____
_____
Parent Comments/Notes: _____
_____
_____

Tuesday
my day was:

😊 😐 ☹️
GoodO   kay   Try Again

Teacher Comments/Notes: _____
_____
_____
Parent Comments/Notes: _____
_____
_____

Wednesday
my day was:

😊 😐 ☹️
GoodO   kay   Try Again

Teacher Comments/Notes: _____
_____
_____
Parent Comments/Notes: _____
_____
_____

Thursday
my day was:

😊 😐 ☹️
GoodO   kay   Try Again

Teacher Comments/Notes: _____
_____
_____
Parent Comments/Notes: _____
_____
_____

Friday
my day was:

😊 😐 ☹️
GoodO   kay   Try Again

Teacher Comments/Notes: _____
_____
_____
Parent Comments/Notes: _____
_____
_____

Week Of: _____

Monday
my day was:

🙂 Good   😐 Okay   🙁 Try Again

Teacher Comments/Notes: _____
_____
_____
Parent Comments/Notes: _____
_____
_____

Tuesday
my day was:

🙂 Good   😐 Okay   🙁 Try Again

Teacher Comments/Notes: _____
_____
_____
Parent Comments/Notes: _____
_____
_____

Wednesday
my day was:

🙂 Good   😐 Okay   🙁 Try Again

Teacher Comments/Notes: _____
_____
_____
Parent Comments/Notes: _____
_____
_____

Thursday
my day was:

🙂 Good   😐 Okay   🙁 Try Again

Teacher Comments/Notes: _____
_____
_____
Parent Comments/Notes: _____
_____
_____

Friday
my day was:

🙂 Good   😐 Okay   🙁 Try Again

Teacher Comments/Notes: _____
_____
_____
Parent Comments/Notes: _____
_____
_____

Week of: _____

Monday
my day was:

😊 😐 ☹️
Good Okay Try Again

Teacher Comments/Notes: _____
_____
_____
Parent Comments/Notes: _____
_____
_____

Tuesday
my day was:

😊 😐 ☹️
Good Okay Try Again

Teacher Comments/Notes: _____
_____
_____
Parent Comments/Notes: _____
_____
_____

Wednesday
my day was:

😊 😐 ☹️
Good Okay Try Again

Teacher Comments/Notes: _____
_____
_____
Parent Comments/Notes: _____
_____
_____

Thursday
my day was:

😊 😐 ☹️
Good Okay Try Again

Teacher Comments/Notes: _____
_____
_____
Parent Comments/Notes: _____
_____
_____

Friday
my day was:

😊 😐 ☹️
Good Okay Try Again

Teacher Comments/Notes: _____
_____
_____
Parent Comments/Notes: _____
_____
_____

Week Of: _____

Monday
my day was:

😊 😐 🙁
GoodO   kay   Try Again

Teacher Comments/Notes: _____
_____
_____
Parent Comments/Notes: _____
_____
_____

Tuesday
my day was:

😊 😐 🙁
GoodO   kay   Try Again

Teacher Comments/Notes: _____
_____
_____
Parent Comments/Notes: _____
_____
_____

Wednesday
my day was:

😊 😐 🙁
GoodO   kay   Try Again

Teacher Comments/Notes: _____
_____
_____
Parent Comments/Notes: _____
_____
_____

Thursday
my day was:

😊 😐 🙁
GoodO   kay   Try Again

Teacher Comments/Notes: _____
_____
_____
Parent Comments/Notes: _____
_____
_____

Friday
my day was:

😊 😐 🙁
GoodO   kay   Try Again

Teacher Comments/Notes: _____
_____
_____
Parent Comments/Notes: _____
_____
_____

Week of: _____

Monday
my day was:

😊 😐 🙁
Good Okay Try Again

Teacher Comments/Notes: _____
_____
_____
Parent Comments/Notes: _____
_____
_____

Tuesday
my day was:

😊 😐 🙁
Good Okay Try Again

Teacher Comments/Notes: _____
_____
_____
Parent Comments/Notes: _____
_____
_____

Wednesday
my day was:

😊 😐 🙁
Good Okay Try Again

Teacher Comments/Notes: _____
_____
_____
Parent Comments/Notes: _____
_____
_____

Thursday
my day was:

😊 😐 🙁
Good Okay Try Again

Teacher Comments/Notes: _____
_____
_____
Parent Comments/Notes: _____
_____
_____

Friday
my day was:

😊 😐 🙁
Good Okay Try Again

Teacher Comments/Notes: _____
_____
_____
Parent Comments/Notes: _____
_____
_____

Week of: _____

Monday
my day was:

😊 😐 ☹️
Good Okay Try Again

| Teacher Comments/Notes: _____ |
| _____ |
| _____ |
| Parent Comments/Notes: _____ |
| _____ |
| _____ |

Tuesday
my day was:

😊 😐 ☹️
Good Okay Try Again

| Teacher Comments/Notes: _____ |
| _____ |
| _____ |
| Parent Comments/Notes: _____ |
| _____ |
| _____ |

Wednesday
my day was:

😊 😐 ☹️
Good Okay Try Again

| Teacher Comments/Notes: _____ |
| _____ |
| _____ |
| Parent Comments/Notes: _____ |
| _____ |
| _____ |

Thursday
my day was:

😊 😐 ☹️
Good Okay Try Again

| Teacher Comments/Notes: _____ |
| _____ |
| _____ |
| Parent Comments/Notes: _____ |
| _____ |
| _____ |

Friday
my day was:

😊 😐 ☹️
Good Okay Try Again

| Teacher Comments/Notes: _____ |
| _____ |
| _____ |
| Parent Comments/Notes: _____ |
| _____ |
| _____ |

Week of: _____

Monday
my day was:

☺   😐   ☹
Good   Okay   Try Again

Teacher Comments/Notes: _____
_____
Parent Comments/Notes: _____
_____
_____

Tuesday
my day was:

☺   😐   ☹
Good   Okay   Try Again

Teacher Comments/Notes: _____
_____
Parent Comments/Notes: _____
_____
_____

Wednesday
my day was:

☺   😐   ☹
Good   Okay   Try Again

Teacher Comments/Notes: _____
_____
Parent Comments/Notes: _____
_____
_____

Thursday
my day was:

☺   😐   ☹
Good   Okay   Try Again

Teacher Comments/Notes: _____
_____
Parent Comments/Notes: _____
_____
_____

Friday
my day was:

☺   😐   ☹
Good   Okay   Try Again

Teacher Comments/Notes: _____
_____
Parent Comments/Notes: _____
_____
_____

WEEK OF: _____

MONDAY
my day was:

☺ 😐 ☹
GoodO   kay   Try Again

Teacher Comments/Notes: _____
_____
Parent Comments/Notes: _____
_____

TUESDAY
my day was:

☺ 😐 ☹
GoodO   kay   Try Again

Teacher Comments/Notes: _____
_____
Parent Comments/Notes: _____
_____

WEDNESDAY
my day was:

☺ 😐 ☹
GoodO   kay   Try Again

Teacher Comments/Notes: _____
_____
Parent Comments/Notes: _____
_____

THURSDAY
my day was:

☺ 😐 ☹
GoodO   kay   Try Again

Teacher Comments/Notes: _____
_____
Parent Comments/Notes: _____
_____

FRIDAY
my day was:

☺ 😐 ☹
GoodO   kay   Try Again

Teacher Comments/Notes: _____
_____
Parent Comments/Notes: _____
_____

Week of: _____

Monday
my day was:

🙂 😐 🙁
Good Okay Try Again

| Teacher Comments/Notes: _____ |
| _____ |
| _____ |
| Parent Comments/Notes: _____ |
| _____ |
| _____ |

Tuesday
my day was:

🙂 😐 🙁
Good Okay Try Again

| Teacher Comments/Notes: _____ |
| _____ |
| _____ |
| Parent Comments/Notes: _____ |
| _____ |
| _____ |

Wednesday
my day was:

🙂 😐 🙁
Good Okay Try Again

| Teacher Comments/Notes: _____ |
| _____ |
| _____ |
| Parent Comments/Notes: _____ |
| _____ |
| _____ |

Thursday
my day was:

🙂 😐 🙁
Good Okay Try Again

| Teacher Comments/Notes: _____ |
| _____ |
| _____ |
| Parent Comments/Notes: _____ |
| _____ |
| _____ |

Friday
my day was:

🙂 😐 🙁
Good Okay Try Again

| Teacher Comments/Notes: _____ |
| _____ |
| _____ |
| Parent Comments/Notes: _____ |
| _____ |
| _____ |

Week Of: _____

Monday
my day was:

😊 😐 ☹️

Good O   kay   Try Again

Teacher Comments/Notes: _____
_____
_____
Parent Comments/Notes: _____
_____
_____

Tuesday
my day was:

😊 😐 ☹️

Good O   kay   Try Again

Teacher Comments/Notes: _____
_____
_____
Parent Comments/Notes: _____
_____
_____

Wednesday
my day was:

😊 😐 ☹️

Good O   kay   Try Again

Teacher Comments/Notes: _____
_____
_____
Parent Comments/Notes: _____
_____
_____

Thursday
my day was:

😊 😐 ☹️

Good O   kay   Try Again

Teacher Comments/Notes: _____
_____
_____
Parent Comments/Notes: _____
_____
_____

Friday
my day was:

😊 😐 ☹️

Good O   kay   Try Again

Teacher Comments/Notes: _____
_____
_____
Parent Comments/Notes: _____
_____
_____

Week Of: _____

Monday
my day was:

☺   😐   ☹
Good   Okay   Try Again

Teacher Comments/Notes: _____
_____

Parent Comments/Notes: _____
_____

Tuesday
my day was:

☺   😐   ☹
Good   Okay   Try Again

Teacher Comments/Notes: _____
_____

Parent Comments/Notes: _____
_____

Wednesday
my day was:

☺   😐   ☹
Good   Okay   Try Again

Teacher Comments/Notes: _____
_____

Parent Comments/Notes: _____
_____

Thursday
my day was:

☺   😐   ☹
Good   Okay   Try Again

Teacher Comments/Notes: _____
_____

Parent Comments/Notes: _____
_____

Friday
my day was:

☺   😐   ☹
Good   Okay   Try Again

Teacher Comments/Notes: _____
_____

Parent Comments/Notes: _____
_____

week of: _____

MONDAY
my day was:

☺ Good 😐 Okay ☹ Try Again

Teacher Comments/Notes: _____
_____
Parent Comments/Notes: _____
_____

TUESDAY
my day was:

☺ Good 😐 Okay ☹ Try Again

Teacher Comments/Notes: _____
_____
Parent Comments/Notes: _____
_____

WEDNESDAY
my day was:

☺ Good 😐 Okay ☹ Try Again

Teacher Comments/Notes: _____
_____
Parent Comments/Notes: _____
_____

THURSDAY
my day was:

☺ Good 😐 Okay ☹ Try Again

Teacher Comments/Notes: _____
_____
Parent Comments/Notes: _____
_____

FRIDAY
my day was:

☺ Good 😐 Okay ☹ Try Again

Teacher Comments/Notes: _____
_____
Parent Comments/Notes: _____
_____

monday
my day was:

😊 Good 😐 Okay ☹️ Try Again

Teacher Comments/Notes: _____
_____

Parent Comments/Notes: _____
_____

Tuesday
my day was:

😊 Good 😐 Okay ☹️ Try Again

Teacher Comments/Notes: _____
_____

Parent Comments/Notes: _____
_____

wednesday
my day was:

😊 Good 😐 Okay ☹️ Try Again

Teacher Comments/Notes: _____
_____

Parent Comments/Notes: _____
_____

Thursday
my day was:

😊 Good 😐 Okay ☹️ Try Again

Teacher Comments/Notes: _____
_____

Parent Comments/Notes: _____
_____

friday
my day was:

😊 Good 😐 Okay ☹️ Try Again

Teacher Comments/Notes: _____
_____

Parent Comments/Notes: _____
_____

WEEK OF: _____

MONDAY
my day was:

☺ Good ☺ Okay ☹ Try Again

Teacher Comments/Notes: _____
_____
Parent Comments/Notes: _____
_____

TUESDAY
my day was:

☺ Good ☺ Okay ☹ Try Again

Teacher Comments/Notes: _____
_____
Parent Comments/Notes: _____
_____

WEDNESDAY
my day was:

☺ Good ☺ Okay ☹ Try Again

Teacher Comments/Notes: _____
_____
Parent Comments/Notes: _____
_____

THURSDAY
my day was:

☺ Good ☺ Okay ☹ Try Again

Teacher Comments/Notes: _____
_____
Parent Comments/Notes: _____
_____

FRIDAY
my day was:

☺ Good ☺ Okay ☹ Try Again

Teacher Comments/Notes: _____
_____
Parent Comments/Notes: _____
_____

Week Of: _____

Monday
my day was:

😊   😐   🙁

Good   Okay   Try Again

Teacher Comments/Notes: _____
_____
Parent Comments/Notes: _____
_____

Tuesday
my day was:

😊   😐   🙁

Good   Okay   Try Again

Teacher Comments/Notes: _____
_____
Parent Comments/Notes: _____
_____

Wednesday
my day was:

😊   😐   🙁

Good   Okay   Try Again

Teacher Comments/Notes: _____
_____
Parent Comments/Notes: _____
_____

Thursday
my day was:

😊   😐   🙁

Good   Okay   Try Again

Teacher Comments/Notes: _____
_____
Parent Comments/Notes: _____
_____

Friday
my day was:

😊   😐   🙁

Good   Okay   Try Again

Teacher Comments/Notes: _____
_____
Parent Comments/Notes: _____
_____

Made in United States
Troutdale, OR
08/24/2024

22279847R00031